Ananda fragte Buddha

阿难问事佛吉凶经

AF186065

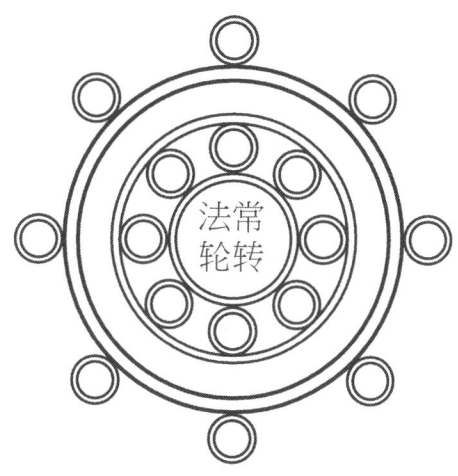

法常
轮转

Chinesisch - Deutsch

Deutsche Übersetzung
von Shay Whar Liu Kroeber

ISBN Nr.　　978-3-7439-3160-2 (Paperback)
ISBN Nr.　　978-3-7439-3161-9 (Hardcover)
ISBN Nr.　　978-3-7439-3162-6 (e-Book)

出版社 ： tredition, Hamburg, Germany | www.tredition.de
封面图画绘制 ： 刘雪华
封面和法轮设计 ： 刘雪华 & Katharina Joanowitsch

谢谢 Brigitte Pönnighaus 协助德文校阅工作。
谢谢 Katharina Joanowitsch 协助封面设计、排版 和校阅。

出版者联络网址 ： 刘雪华 kassandraliu@yahoo.de

ISBN Nr.   978-3-7439-3160-2 (Paperback)
ISBN Nr.   978-3-7439-3161-9 (Hardcover)
ISBN Nr.   978-3-7439-3162-6 (e-Book)

Verlag: tredition, Hamburg, Deutschland / www.tredition.de
Abbildung Cover: Shay Whar Liu Kroeber
CoverDesign & Rad des Dharma: Katharina Joanowitsch, Shay Whar Liu Kroeber

Ich danke Brigitte Pönnighaus fürs Korrektur-Lesen in deutscher Übersetzung, und Katharina Joanowitsch für die Bearbeitung für Cover, Layout, Satz und Korrektur-Lesen.

Herausgeberin: Shay Whar Liu Kroeber
E-Mail: kassandraliu@yahoo.de

前 言 一

阿 难 问 事 佛 吉 凶 经 是 后 汉 桓 帝 时 安 世 高 大 师 (147-167）在 中 国 时 从 梵 文 翻 译 成 中 文。

这 部 经 文 字 简 洁，所 述 道 理 扼 要 中 肯。就 是 在 现 代 只 要 有 一 般 中 文 程 度 的 人，都 能 轻 易 地 理 解 唸 诵。大 师 们 希 望 佛 法 能 普 及 于 民 众，因 为 佛 陀 教 育 是 不 分 贫 富 贵 贱 都 可 以 学 习 的。

基 于 这 样 的 理 念，我 诚 心 的 把 这 本 经 从 中 文 翻 译 成 德 文 白 话，给 讲 德 语 国 家 的 人 们 作 参 考。书 的 左 面 是 当 今 中 外 通 用 的 简 字 中 文，字 下 面 有 拼 音，右 面 是 对 照 的 德 文 翻 译，也 可 作 为 学 习 语 文 的 教 材。

在 此 祝 福 读 者 们 学 佛 法 喜 充 满!

三 宝 弟 子 钞 福 合 十
西 元 两 千 十 七 年 六 月 于 德 国 汉 堡

Vorwort I

Das Sutra „**Ananda fragte Buddha**" wurde von Meister An Shi Gao in Hou Han Dynastie, als er sich in China aufhielt (147-167), vom Sanskrit ins Chinesische übersetzt.

Die verwendete Sprache in diesem Sutra ist zwar einfach, aber ihr Sinn ist tief. Auch in heutigen Tagen, so lange man die allgemeinen Sprachkenntnisse besitzt, kann man es gut verstehen. Der Meister hoffte, dass dieses Sutra für jedermann zugänglich und zu jeder Zeit verständlich sein sollte. Denn vor Buddha ist jeder gleichberechtigt.

Mit der gleichen Überzeugung habe ich das Sutra vom Chinesischen in die moderne deutsche Sprache übersetzt. Das Buch wird so gestaltet, dass auf der linken Seite der chinesische Text steht, und zwar in der zurzeit in China und in anderen Ländern gebrauchten vereinfachten chinesischen Schrift. Sie ist mit Pin-Yin versehen, für die Leute, die eventuell auch gern Chinesisch lesen möchten. Auf der rechten Seite steht die entsprechende deutsche Übersetzung.

Ich wünsche den Lesern viel Freude beim Dharma Lernen!

Shay Whar Liu Kroeber
Hamburg, Deutschland / Juni 2017

前 言 二

这部经书是藉着阿难尊者向释迦摩尼佛提问，请佛陀解答人世间常会遇到的难题。其实，这些道理阿难尊者那会不懂得。他是秉于怜悯众生的心为我们提问的啊！

从这些问答中说明：想学成佛，首先得学会作人的基本道理。能依照佛陀的教法奉行，一定能得到吉祥自在。

阿难问事佛吉凶经是一本初学佛法入门的教材。言简意赅却能起到一通百通之效。如果我们真的深刻理解、接受所述的道理，并实践于生活中，将来一定会让我们收获期望中，甚至于意想不到的好结果。

敬祝读者们人生道路顺畅！

三宝弟子妙福 合十
西元两千十七年六月于德国汉堡

Vorwort II

In dem Sutra „**Ananda fragte Buddha**" stellt Ananda Shakyamuni Buddha einige Fragen, die in unserem täglichen Leben im Umgang mit verschiedenen Menschen häufig vorkommen. Und Buddha gibt daraufhin ausführlich Unterweisungen zu den jeweiligen Fragen.

Durch die Fragen und Antworten begreifen wir das Prinzip: Bevor wir uns auf den Weg zur Erleuchtung machen, sollten wir zuerst lernen, wie wir uns als anständiger Mensch benehmen.

Das Sutra "Ananda fragte Buddha" ist eine Einführung ins buddhistische Dharma Lernen. Der Text ist kurz und bündig, leicht zu verstehen und auszuprobieren. Wenn wir Mut haben, die Lehre im täglichen Leben umzusetzen, werden wir in absehbarer Zukunft sicherlich gute Früchte ernten.

Mögen alle Leser wunschgemäß einen reibungslosen Weg zum Ziel gehen!

Shay Whar Liu Kroeber
Hamburg, Deutschland / Juni 2017

前 言 三

阿难尊者是释迦摩尼佛的十大弟子之一，也是佛陀的小堂弟。阿难是佛陀叔父白饭王最小的儿子，出生日恰好是佛陀成道之夜，故被命名阿难陀，有欢喜、庆喜之意。 阿难六岁时随佛出家，二十五岁被选为佛陀侍者，之后侍奉佛陀二十七年，直至佛灭度。 尊者堪忍奉上，受持一切佛法。

尊者被称为多闻第一，知时明物，所至无疑，多闻广达，所忆不忘。 佛陀灭度后，摩诃迦叶及大弟子们于摩揭陀国大石窟结集三藏时，使阿难昇狮子座，代佛复演说法。迦叶赞他：佛法大海水，流入阿难心。很多佛经开头的那句"如是我闻"的我，就是阿难的自称。

传说有个故事：阿难尊者即将入灭时， 渡殑伽河，因恐摩揭陀和毗金离两国为争他的舍利而互相杀害，就从舟中上升虚空，化火焚身，中分落两岸。二国王各奉其舍利造塔。尊者的慈悲心令人赞叹。

三宝弟子纱福 笔记
西元两千十七年六月于德国汉堡

Vorwort III

Ananda, der Ehrwürdige, ist einer von Shakyamuni Buddhas zehn großen Schülern. Er ist auch Buddhas jüngster Vetter und König Sukulodanas jüngster Sohn. In der Nacht, als er geboren wurde, hat Buddha die Erleuchtung erlangt. Deshalb wurde er Ananda, was Freude und fröhlich Feiern bedeutet, genannt.

Als Ananda sechs Jahre alt war, wurde er, Buddha folgend, buddhistischer Mönch. Er wurde als Buddhas persönlicher Diener ausgewählt, als er 25 Jahre alt war. Danach hat er Buddha noch 27 Jahre gedient, bis Buddha ins Nirwana einging. Ananda stand stets treu zur buddhistischen Lehre.

Der Ehrwürdige Ananda war bekannt für seine umfangreiche Gelehrsamkeit. Er handelte immer mit bestem Wissen und Gewissen und besaß ein ausgezeichnetes Gedächtnis.

Nachdem Tod von Buddha wollten der große Kasyapa und die anderen großen Schüler die gesamten Unterweisungen, die Shakyamuni Buddha ihnen im Leben erteilt hatte, im Tripitaka zusammenstellen und herausgeben. Ananda wurde gebeten, sich auf den Ehren-Löwen-Platz zu setzen und als Buddhas Repräsentant, die Unterweisungen vorzutragen. In manchen Sutras fängt es mit dem Satz an: „So wie ich einmal gehört habe…", das „ich" meint Ananda selbst.

Da gibt es eine bekannte Legende: Kurz bevor Ananda ins Nirwana ging, überquerte er den Gonga Fluß. König Magadha und König Griha verfolgten ihn an beiden Ufern und wollten um seine Reliquie kämpfen. Ananda stieg vom Boot mitten im Fluss in den Himmel auf, erzeugte selbst Feuer am Körper und verbrannte sich zu Asche. Um das gegenseitige Töten der Königstruppen zu vermeiden, ließ der Ehrwürdige Ananda die Reliquie entzweien und je eine Hälfte auf die gegenseitigen Ufer fallen. So bekamen beide Könige je einen Teil der Reliquie und errichteten Stupas in deren Land, um sie aufzubewahren.

Shay Whar Liu Kroeber
Hamburg, Deutschland / Juni 2017

前 言 四

安世高大师，是后汉时安息国人，以国为姓，名清，字世高。安息，唐代称波斯，就是现在的伊朗。大师本是安息国之太子，聪明仁孝，有智慧，有德行，多才艺。他父王过世后，继承王位。不到一年，将王位让给他叔父，自己出家修道。

大师得道后，游化中国。在后汉桓帝建和二年（公元148年）来到当时的首都洛阳。备受朝庭礼敬，译出佛经共29部，176卷，历时22年。他是中国佛教初期译经史上最著名的大师。

汉灵帝建宁三年（公元170年）大师才停止翻译工作，游化江南，在豫章（现在的江西南昌）创建大安寺，是为中国江南有佛寺之始。

三宝弟子纱福 笔记
西元两千十七年六月于德国汉堡

Vorwort IV

Meister An Shi Gao kam vom Königsreich An-Xi. Der Landesname „An" nahm er als Familienname, Vorname Qing, Rufname Shi Gao. Das Königsreich An-Xi in der Hou-Han Dynastie (25-220) wurde später in der Tang Dynastie (618-907) Persien genannt, das heutige Iran ist.

Der Meister An Shi Gao war Kronprinz des An-Xi Landes. Er war intelligent, voller Mitgefühl, tugendhaft und talentiert. Nachdem sein Vater, der König, gestorben war, bestieg er den Thron. Kurz danach überließ er seinem Onkel den Thron, bekehrte sich zum Buddhismus und wurde Mönch.

Im Jahr 148, in der Zeit der Hou-Han Dynastie Huan Kaisers, kam der Meister nach China und hielt sich seitdem in der damaligen Hauptstadt Luo Yang auf. Er wurde von den Aristokraten sehr geehrt und von dem Huan Kaiser beauftragt, die buddhistischen Sutras ins Chinesische zu übersetzen.

Er hat insgesamt 29 Sutras in 176 Schriftrollen übersetzt, und die Arbeit hat 22 Jahre gedauert. Im Jahr 170, in der Zeit Hou-Han des Ling Kaisers, beendete der Meister die Übersetzungsarbeit und bereiste den Süden Chinas. In Yu Zhang, heutiges Jiang Xi Nan Chang, hat er den ersten Tempel Da-An-Si in Süden Chinas errichtet.

Shay Whar Liu Kroeber
Hamburg, Deutschland / Juni 2017

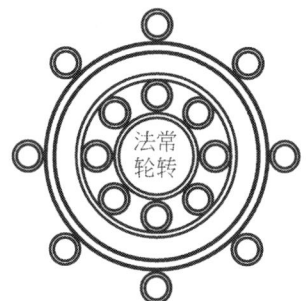

法常
轮转

阿难问事佛吉凶经

a nan wen shi fo ji xiong jing

后汉沙门安世高译

hou han sha men an shi gao yi

阿难白佛言：有人事佛，得富贵
a nan bo fo yan you ren shi fo de fu gui
谐偶者，有衰耗不谐偶者，云何
xie ou zhe you shuai hao bu xie ou zhe yun he
不等同耶？愿天中天，普为说之
bu deng tong ye yuan tian zhong tian pu wei shuo zhi
！

佛告阿难：有人奉佛，从明师受
fo gao a nan you ren feng fo cong ming shi shou
戒，专信不犯，精进奉行，不失
jie zhuan xin bu fan jing jin feng xing bu shi
所受。形像鲜明，朝暮礼拜，恭
shuo shou xing xiang xian ming zhao mu li bai gong

Ananda fragte Buddha

Übersetzt vom Sanskrit ins Chinesische von Meister An Shi Gao in der Hou Han Dynastie

Ananda fragte Buddha Shaykamuni:
"Manche Menschen bekennen sich zum buddhistischen Glauben und können dann ein erfolgreiches, gesundes und harmonisches Leben führen. Manche Menschen sind aber trotzdem krank, arm und entmutigt geblieben. Warum ist das so unterschiedlich? Hochverehrter Meister, wir bitten Sie, uns das zu erklären!"

Buddha sagte zu Ananda:
"Es gibt Menschen, nachdem sie sich zum buddhistischen Glauben bekannt haben, die das Dharma von einem aufrichtigen Meister lernen. Sie glauben fest daran, befolgen dann die Regeln und verstoßen nicht dagegen. Sie setzen die Unterweisungen tatkräftig im alltäglichen Leben um, machen Fortschritte, vergessen keineswegs und verinnerlichen was sie schon gelernt haben.

Sie stellen ordentlich eine Statue oder ein Bildnis von Buddha auf. Morgens und abends verbeugen sie sich ehrenvoll vor Buddha, und zünden mit Respekt die Lampen an.

敬然灯。净施所安，不违道禁，斋戒不厌，心中欣欣。常为诸天善神拥护，所向谐偶，百事增倍。为天龙鬼神众人所敬，后必得道。是善男子、善女人，真佛弟子也。

有人事佛，不值善师，不见经教，受戒而已。示有戒名，愦塞不

Sie denken gewissenhaft nach, ob sie freiwillig spenden können, ohne gleich etwas dafür zurück zu bekommen, ob sie die Anweisungen richtig befolgen, ob sie die Regeln stets einhalten und ob sie immer noch fleißig das Dharma praktizieren. Wenn es so ist, freuen sie sich dann von ganzem Herzen.

Die gutherzigen Götter und Schutzengel beschützen und unterstützen sie stets. Was sie vorhaben, gelingt ihnen wie geplant. Und alles wird sogar doppelt so erfolgreich sein, als sie es eigentlich erwartet haben.

Sowohl die acht Typen von Himmelswesen als auch die Menschen schenken ihnen große Achtung. Und sie werden eines Tages erleuchtet sein. Solche guten Männer und Frauen sind die echten buddhistischen Schüler.

Es gibt aber Menschen, die keinem aufrichtigen Lehrer begegnen, die keine Sutras lesen und keine Unterweisungen befolgen. Sie bekennen sich nur oberflächlich zum buddhistischen Glauben und legen zwar nach der Zeremonie ihre Gelübde ab, verstehen die Lehre aber nicht und deswegen können sie auch nicht wirklich glauben.

信，违犯戒律，乍信乍不信，心意犹豫。亦无经像恭恪之心，既不烧香、然灯、礼拜，恒怀狐疑，嗔恚骂詈，恶口嫉贤。

又不六斋，杀生趣手。不敬佛经，持着弊篋衣服不净之中。或着妻子床上不净之处。或持挂壁，无有座席恭敬之心，与世间凡书

Sie verstoßen die Regeln ohne es zu wissen und handeln ohne jegliche Prinzipien. Manchmal glauben sie an die Lehre, manchmal wieder nicht. Sie sind ständig zögernd und unentschlossen.

Sie zeigen auch keinen Respekt gegenüber der Statue oder dem Bildnis von Buddha, zünden keine Räucherstäbchen und Lampen an und verbeugen sich nicht vor Buddha. Sie ärgern sich, hegen Groll in sich und beschimpfen oder verfluchen voller Neid die Menschen, die tüchtig und anständig sind.

Außerdem halten sie sich nicht einmal an die sechs Fastentagen im Monat und töten rücksichtslos. Sie zeigen keinen Respekt gegenüber den buddhistischen Sutras, bewahren sie unbedacht in einem schäbigen Bambuskoffer und zwischen der unreinen Wäsche auf, oder lassen sie sie auf dem Ehebett rumliegen. Sie hängen die Sutras einfach an die Wand, ohne sie mit gebührender Ehrerbietung zu platzieren. Sie behandeln die Sutras wie normale weltliche Bücher.

无异。

若疾病者，狐疑不信，便呼巫师，卜问解奏，祠祀邪神，天神离远。不得善护。妖魅日进，恶鬼屯门，令之衰耗，所向不谐，或从宿行恶道中来，现世罪人也，非佛弟子。

Wenn sie krank sind, zweifeln sie sofort an ihrem Glauben. Sie wenden sich an Hexen und Wahrsager, die für sie die Lösung suchen sollen und beten die Gespenster im Tempel an. So werden sie allmählich von den gutherzigen Himmelswesen verlassen, sie bekommen dann auch keinen Schutz mehr. Die bösartigen Geister kommen denen Tag für Tag näher ins Haus und diese Menschen werden deswegen immer schwächer, kranker und erfolgloser im Leben.

Es gibt auch noch Menschen, denen haften immer noch falsche Einsichten und schlechte Gewohnheiten von vorherigen Leben an. Sie sind Sünder in diesem Leben und daher können sie noch nicht als echte buddhistische Schüler gelten.

死当入泥犁中被烤掠治，由其罪
si dang ru ni li zhong bei kao lue zhi you qi zui

故，现自衰耗，后复受殃，死趣
gu xian zi shuai hao hou fu shou yang si qu

恶道，展转受痛，酷不可言，皆
e dao zhang zhuan shou tong ku bu he yan jie

由积恶，其行不善。
you ji e qi xing bu shan

愚人盲盲，不思宿行因缘所之，
yu ren mang mang bu si su xing yin yuan suo zhi

精神报应，根本从来，谓言事佛
jing shen bao ying gen ben cong lai wei yan shi fo

致是衰耗，不止前世宿作无功，
zhi shi shuai hao bu zhi qian shi su zuo wu gong

怨憎天地，责圣咎天，世人迷惑
yuan zeng tian di ze sheng jiu tian shi ren mi huo

Nach dem Sterben werden sie im Inferno gefoltert und müssen ihre Strafe absitzen. Weil sie schon große Schuld aus vergangenen Leben auf sich geladen haben, sind sie deshalb in diesem Leben schwach, krank und erfolglos. So leiden sie erneut im neuen Leben. Sie werden in einer niedrigen Ebene wiedergeboren, das ist ein Teufelskreis. Es ist unbeschreiblich grausam und schmerzlich. Durch die eingefleischten üblen Gewohnheiten können sie auch nicht besser handeln.

Die törichten Menschen wissen nicht, dass ihr gegenwärtiger, schlechter Zustand ein Resultat der vergangenen Übeltaten ist. Denn, alles hat seine Grundursache und Auswirkung. Sie meinen, dass die Missgunst vom buddhistischen Glauben verursacht worden sei.

Die Wirklichkeit ist, sie haben nicht nur in vergangenen Leben keine Vedienste gesammelt und Wohltaten geleistet, sondern klagen und jammern auch noch ständig in jetzigem Leben, beschweren sich über jedes und alles, geben den Heiligen und Gott die Schuld. Diese weltlichen Menschen sind so verblendet, dass sie nicht verständiger und einsichtiger werden.

不达乃尔。
bu da nai er

不达之人，心怀不定，而不坚固
bu da zhi ren　xin huai bu ding　er bu jian gu
，进退失理，违负佛恩，而无返
jin tui shi li　wei fu fo en　er wu fan
覆，遂为三涂所见缀缚，自作祸
fu sui wei san tu suo jian zhui fu　zi zuo huo
福。罪识之缘，种之得本，不可
fu zui shi zhi yuan　zhong zhi de ben　bu ke
不慎。
bu shen

十恶怨家，十善厚友，安神得道
shi e yuan jia　shi shan hou you　an shen de dao

Diese unvernünftigen Menschen zweifeln immer wieder an dem Dharma, können an den Regeln nicht festhalten und benehmen sich nicht aufrichtig. Sie widersetzen sich der barmherzigen Güte Buddhas und kehren nicht auf den richtigen Weg zurück. So wandern sie in den drei üblen Ebenen umher, hadern mit sich selbst und ihrem Schicksal, werden da festgehalten, und kommen nicht leicht wieder heraus.

Ob Pech oder Glück, bekommen sie, was sie selbst einmal angerichtet haben. Denn, wenn man die sündigen Samen auf das Bewusstsein aussät, erntet man auch das entsprechende Ergebnis. Alles hat seinen Ursprung, da muss man schon äußerst vorsichtig sein.

Die zehn üblen Taten erzeugen Feindseligkeit. Dagegen bringen die zehn guten Taten dicke Freundschaft hervor. Dass man friedlich auf seinem rechtschaffenen Weg gehen kann, kommt durch innere Güte.

，皆从善生。善为大铠，不畏刀兵。善为大船，可以度水。有能守信，室内和安，福报自然。从善至善，非神授与也。今复不信者，从后转复剧矣。

佛言：阿难，善恶追人，如影逐形，不可得离。罪福之事，亦皆如是。勿作狐疑，自堕恶道。罪

Die Gutherzigkeit ist wie eine starke Rüstung, mit der man sich nicht mehr vor Angriffen fürchtet. Die Gutherzigkeit ist wie ein großes Schiff, mit dem man übers Wasser fahren kann. Wenn einer redlich und vertrauenswürdig ist, wird sein Zuhause friedlich und harmonisch sein.

Das Glück kommt ganz natürlich und von allein. Aus guter Absicht erreicht man gute Ergebnisse und dies alles ist nicht von Gott geschenkt. Wenn jemand das jetzt nicht glaubt und sich nicht danach neu orientiert, wird sein Schicksal immer trauriger."

Buddha sagte weiter:
"Ananda, die Folge unserer guten und schlechten Taten verfolgt uns wie unser eigener Schatten, wir können nie entkommen. Ob wir Glück oder Unglück haben, ist genauso.

Zweifele nicht mehr daran und verfalle in die üble Ebene. Vertraue und glaube fest an diese Tatsache. So befinden wir uns immer im Frieden. Was ein Buddha über die Wahrheit sagt, ist schließlich nicht dazu da, um Menschen zu täuschen."

福分明，谛信不迷，所在常安，
fu fen ming di xin bu mi suo zai chang an

佛语至诚，终不欺人。
fo yu zhi cheng zhong bu qi ren

佛复告阿难：佛无二言，佛世难
fo fu gao a nan fo wu er yan fo shi nan

值，经法难闻，汝宿有福，今得
zhi jing fa nan wen nu su you fu jin de

侍佛。当念报恩，颁宣法教，示
shi fo dang nian bao en ban xaun fa jiao shi

现人民，为作福田，信者得植，
xian ren min wei zuo fu tian xin zhe de zhi

后生无忧。阿难受教，奉行普闻
hou sheng wu you a nan shou jiao feng xing pu wen

。

Buddha sagte weiter zu Ananda:

„Was ein Buddha sagt, ist die einzige Wahrheit. Es ist eine seltene, wunderbare Gelegenheit, einem Buddha im Leben zu begegnen und das Dharma zu hören. Weil Du bisher großes Glück durch vergangene Leben verdient hast, darfst Du im gegenwärtigen Leben einem Buddha dienen.

Um diese Barmherzigkeit Buddhas zu erwidern, solltest Du das Dharma verkünden und an die Menschen weitergeben. Du kannst vorbildlich, als Feld des Glücks, für die Bevölkerung sein. Sodass die Gläubigen ihre Samen aussäen können. Sie werden dann keine Sorgen mehr in zukünftigen Leben haben."

Ananda nahm das, was Buddha gesagt hat, mit Freude an, und versprach, es in die Tat umzusetzen und zu verbreiten.

阿 难 复 白 佛 言：人 不 自 手 杀 者，
a nan fu bo fo yan ren bu zi shou sha zhe

不 自 手 杀 为 无 罪 耶？
bu zi shou sha wei wu zui ye

佛 言：阿 难，教 人 杀 生，重 于 自
fo yan a nan jiao ren sha sheng zhong yu zi

杀 也。何 以 故？或 是 奴 婢 愚 小 下
sha ye he yi gu huo shi nu bi yu xiao xia

人，不 知 罪 福。或 为 县 官 所 见 促
ren bu zhi zui fu huo wei xian guan suo jian cu

逼，不 自 出 意。虽 获 其 罪，事 意
bi bu zi chu yi sui huo qi zui shi yi

不 同，轻 重 有 差。
bu tong qing zhong you cha

Ananda stellte Buddha dann noch eine Frage:
„Wenn die Menschen nicht mit eigenen Händen töten, sind sie dann unschuldig?"

Buddha sagte:
„Ananda, die Menschen, die andere zu töten anstiften, haben sogar mehr Schuld als diejenigen, die angestiftet wurden. Warum? Diese sind vielleicht nur die niedrigen Diener oder Sklaven, die keine Ahnung von Schuld oder Unschuld haben.

Oder, sie sind vielleicht die Bediensteten und Gerichtsvollzieher, die nicht nach ihrem eigenen Willen töten, sondern die Befehle von Bürgermeistern und Richtern ausführen müssen. Obwohl sie alle schuldig sind, ist der Grad der Schuldigkeit unterschiedlich.

教人杀者，知而故犯，阴怀愚恶
，趣手害生，无有慈心，欺罔三
尊，负于自然神，伤生机命，其
罪莫大。怨怼相报，世世受殃，
无有断绝，现世不安，数逢灾凶
。

死入地狱，出离人形，当堕畜中
，为人屠截。三涂八难，巨亿万
劫，以肉供人，未有竟时，令身

Diejenigen, die anderen Menschen zu töten anstiften, begehen mit Absicht Verbrechen. Weil sie von Hass erfüllt und verblendet sind, haben sie keinerlei Mitleid. So enttäuschen sie nicht nur die drei Ehrwürdige, sondern betrügen auch noch ihr eigenes Gewissen.

Anderen das Leben zu rauben oder denen Schaden zuzufügen ist das größte Verbrechen. Dies führt ohne Ende zu gegenseitigem Hass, Leben für Leben weiter. Daher finden sie im gegenwärtigen Leben wiederum keinen Frieden, und leiden dauernd unter allem möglichen Unheil.

Nach dem Sterben fallen sie in die Hölle. Wenn sie eines Tages wieder herauskommen, verlieren sie ihr Recht ein Mensch zu sein. Meistens werden sie als Nutztiere oder Wildtiere wiedergeboren und geschlachtet.

Dann müssen sie noch durch die drei finsteren Wege und über die acht Weisen von Hindernissen gehen, Milliarden Kalpas lang, als Fleisch für die Menschen, ohne absehbare Aussicht zu entkommen. So schlagen sie sich kümmerlich durchs Leben, fressen Gras und trinken vom Quellwasser.

困苦，啖草饮泉。
kun ku　　dan cao yin quan

今世现有是辈畜兽，皆由前世得
jin shi xian you shi bei chu shou　　jie you qian shi de
为人时，暴逆无道，阴害伤生，
wei ren shi　　bao ni wu dao　　yin hai shang sheng
不信致此。世世为怨，还相报偿
bu xin zhi ci　　shi shi wei yuan　　hai xiang bao chang
，神同形异，罪深如是。
shen tong xing yi　　zui shen ru shi

阿难复白佛言：世间人及弟子，
a nan fu bo fo yan　　shi jian ren ji di zi
恶意向师，及道德之人，其罪云
e yi xiang shi　　ji dao de zhi ren　　qi zui yun

Und weswegen werden sie im gegenwärtigen Leben als Nutztiere oder Wildtiere geboren? Weil sie in vergangenen Leben, als Mensch, grausam, jähzornig und tyrannisch waren. Sie töten erbarmungslos, morden hinterlistig und glauben überhaupt nicht an Karma.

Generation für Generation üben sie mit Gewalt Vergeltung um ihren gegenseitigen Hass zu stillen und können nie mehr aufhören. Die Seele ist die gleiche, jedoch in verschiedenen Gestalten. So ungeheuerlich ist das Verbrechen."

Dann stellte Ananda Buddha noch eine weitere Frage:
„Wie schwer ist das Vergehen, wenn die normalen Menschen und Schüler sich mit böser Absicht gegen die Lehrer und die ehrwürdigen Gelehrter richten? "

何？
he

佛语阿难：夫为人者，当爱乐人
fo yu a nan fu wei ren zhe dang ai le ren
善，不可嫉之。人有恶意，向道
shan bu ke ji zhi ren you e yi xiang dao
德之人善师者，是恶意向佛无异
de zhi ren shan shi zhe shi e yi xiang fo wu yi
也。宁持万石弩自射身，不可恶
ye ning chi wan dan nu zi she shen bu ke e
意向之。
yi xiang zhi

佛言：阿难，自射身为痛不？
fo yan a nan zi she shen wei tong fou

Buddha sagte Ananda:
„Wir sollten uns für die anderen mitfreuen, wenn sie was Gutes tun können, auf keinen Fall sie beneiden und missgönnen. Mit böser Absicht gegenüber den tugendhaften Gelehrten zu sein, ist mit böser Absicht gegenüber einem Buddha gleich. Wir würden lieber mit einer zehntausend Dan schwer Armbrust auf uns selber schießen, als sie gegen einen ehrwürdigen Gelehrten zu richten."

Buddha fragte dann Ananda:
„Ananda, ist das schmerzhaft, wenn wir damit auf uns selber schießen?"

Ananda antwortete:
„Bestimmt sehr schmerzhaft, sehr schmerhaft! Verehrter Meister."

阿难言：甚痛，甚痛！世尊。

佛言：人持恶意，向道德人，其善师者，痛剧弩射身也。

为人弟子，不可轻慢其师，恶意向道德人。当视之如佛，不可轻嫉，见善代其欢喜。人有戒德者，感动诸天，天龙鬼神，莫不敬

Buddha sagte:

„Wenn jemand bösartig gegen einen ehrwürdigen Gelehrten oder Lehrer handelt, wird über diesen irgendwann eine Strafe verhängt, die noch viel schmerzhafter ist, als mit Armbrust auf sich selbst zu schießen.

Schüler dürfen nicht auf einen Lehrer oder einen ehrwürdigen Gelehrten herabschauen oder ihn beleidigen, sie sollten diesen wie einen Buddha respektieren und ihn auf keinen Fall beneiden. Denn, wenn jemand etwas Gutes tun kann, sollten wir uns immer für ihn mitfreuen.

Menschen, die diszipliniert und tugendhaft sind, berühren sogar die Himmelswesen. Die acht Typen der Himmelswesen schenken denen große Achtung.

尊。宁投身火中，利剑割肉，慎
莫嫉妒人之善，其罪不小。慎之
！慎之！

阿难复白佛言：为人师者，为可
得呵遏弟子，不从道理，以有小
过，遂之成大，可无罪不？

佛言：不可不可，师弟子义，义

Wir würden uns lieber ins Feuer werfen oder uns mit einem scharfen Messer oder Schwert, Fleisch aus unserem eigenen Körper schneiden lassen, als ihnen ihre Fähigkeit und ihren Erfolg zu missgönnen. Die Folge dieses Vergehens ist nicht zu unterschätzen. Sei schön vorsichtig, schön vorsichtig!"

Ananda fragte Buddha wieder:
"Darf man, als Lehrer, ohne triftigen Grund die Schüler ausschelten und deren Unrichtigkeit dramatisieren, obwohl diese eigentlich nur einen unbedeutenden Fehler begangen haben? Ist das auch ein Vergehen?"

Buddha sagte:
"Das soll man nicht tun! Die Beziehung zwischen einem Lehrer und den Schülern soll aufrichtig und natürlich sein.

感自然，当相讯厚，视彼如己。
黜之以理，教之以道，己所不行，勿施于人，弘崇礼律，不使怨讼。

弟子亦尔，二义真诚，师当如师，弟子当如弟子，勿相诽谤，含毒致怨，以小成大，还自烧身。

Sie sollen sich beiderseitig beachten, füreinander sorgen und gegenseitig so behandeln, wie man selber behandelt werden möchte. Ein Lehrer kann die Schüler in Grundsätze aufklären und sie in Gerechtigkeit unterweisen.

Mit einem Wort, was wir nicht wollen, dass man uns antut, fügen wir auch keinem anderen zu. Und dies macht ein Lehrer prinzipiell mit großer Achtsamkeit und Höflichkeit, so dass die Schüler keinen Groll in sich hegen und sich beklagen.

Als Schüler soll man sich auch genau so verhalten, also, beiderseitig offenherzig miteinander umgehen. Ein Lehrer soll wie ein Lehrer sein und ein Schüler soll wie ein Schüler sein.

Sie sollten sich auf keinen Fall gegenseitig verleumden, so dass sie Ressentiments bis zum bitteren Hass in sich erzeugen, und dann eine kleine Untat zu einem schweren Verbrechen werden lassen. Schließlich könnte man sich damit selbst verbrennen.

为人弟子，当孝顺于善师，慎莫举恶意向师。恶意向师，是恶意向佛、向法、向比丘僧、向父母无异，天所不覆，地所不载。观末世人，诸恶人辈，不忠、不孝、无有仁义、不顺人道。

魔世比丘，四数之中，但念他恶，不自止恶。嫉贤妒善，更相沮

Als Schüler sollten wir die Unterweisungen von den guten Lehrern annehmen und uns ihnen gegenüber nicht böswillig verhalten. Böswillig gegenüber einem Lehrer zu sein, ist böswillig gegenüber einem Buddha, dem Dharma, der Sangha und den Eltern gleich. So verdient man es nicht, vom Himmel geschützt und von der Erde getragen zu sein.

Wie ich beobachte, gibt es in der Dharma-End-Epoche leider so viele bösartige Menschen, die untreu, pietätlos, unaufrichtig, erbarmungslos und unmenschlich sind.

In jener Dharma-End-Epoche gibt es viele Mönche und Nonnen unter den vier Orden, die nur auf die Fehler der anderen achten, und ihre eigenen Übeltaten übersehen. Sie sind neidisch auf tugendhafte und ehrenhafte Leute und versuchen diese von guten Taten abzuhalten.

坏。不念行善，强梁嫉贤。既不能为，复毁败人。断绝道意，令不得行。贪欲务俗，多求利业，积财自丧，厚财贱道。死堕恶趣，大泥犁中，恶鬼、畜生。

未当有此，于世何求，念报佛恩。当持经戒，相率以道。

Sie erweisen den anderen keine Wohltaten und gehen rücksichtslos und gewalttätig vor. Sie schaffen es selbst nicht, das Dharma zu verbreiten und beeinträchtigen die anderen, es zu tun. So wird der Weg für die Verbreitung des Dharmas verhindert oder gar abgeschnitten.

Solche Bhiksus und Bhiksunis sind gierig, betreiben weltliche Geschäfte, jagen nach Profit, verlangen Vorteile, hamstern emsig Vermögen, verfallen in Geld-Anhäufung und verachten die wahre Lehre. Nach dem Sterben gehen sie in die Hölle-, Hungergeist-, oder Tierebene. Das sollten sie wirklich vermeiden.

Um was sie sich jetzt auf der Welt bemühen können, ist die Unterweisungen in Sutras schön zu befolgen und die Prinzipien einzuhalten, auch um die Güte Buddhas zu erwidern. So können sie vorbildlich die Bevölkerung auf den richtigen Weg leiten.

道不可不学，经不可不读，善不
可不行。行善、布德。济神离苦
，超出生死。

见贤勿慢，见善勿谤，不以小过
证入大罪，违法失礼，其罪莫大
，罪福有证，可不慎耶。

阿难复白佛言：末世弟子，因缘

Das Dharma sollten wir unbedingt lernen, die Sutras sollten wir unbedingt lesen und die Wohltaten sollten wir unbedingt ausführen.

Denn, wenn wir den anderen Menschen Wohltaten und Barmherzigkeit erweisen, ist dies eine große Hilfe, um unsere eigene Seele von dem Leiden zu befreien und die Qual des Lebens und des Sterbens zu überwinden.

Sei nicht arrogant gegenüber den fähigen und tugendhaften Personen. Diffamiere nicht diejenigen, die die Wohltaten erweisen. Sodass man nicht wegen kleiner Unrichtigkeiten doch ein großes Verbrechen begeht.

Dadurch das Dharma zu missachten und gegen die Grundsätze verstoßen, ist das schlimmste Vergehen. Ob das eine Sünde oder Glück ist, wird sich herausstellen. Nimm Dich davor schön in Acht!"

相生，理家之事，身口之累，当
云何？天中天。

佛言：阿难，有受佛禁戒，诚信
奉行，顺孝畏慎，敬归三尊，养
亲尽忠，内外谨善，心口相应，
可得为世间事，不可得为世间意
。

阿难言：世间事，世间意，云何

Ananda fragte Buddha wieder:

„Wie sollen sich die buddhistischen Schüler in der Dharma-End-Epoche korrekt verhalten, die wegen der familiären Bindungen ihres Schicksals noch die häuslichen Sachen erledigen und sich um den Lebensunterhalt bemühen müssen? Hochverehrter Meister!"

Buddha sagte:

„Ananda, diejenigen, die sich zum buddhistischen Glauben bekennen, legen ein Gelübde ab, halten die Regeln ein, setzen aufrichtig die Lehre in die Tat um, sind den Eltern gegenüber pietätvoll, respektieren die drei Ehrwürdigen, lieben ihre Eltern und stehen treu zu deren Land, sind zuhause und außerhalb des Hauses stets gutmütig, sagen ehrlich was sie wirklich denken, können selbstverständlich ihre weltliche Angelegenheiten nachgehen, ohne die weltlichen Angelegenheiten im Herzen zu tragen."

Ananda fragte dann:

„Den weltlichen Angelegenheiten nachzugehen, ohne sie im Herzen zu tragen, wie meinen Sie das? Hochverehrter Meister!"

耶？天中天。
ye　　　　tian zhong tian

佛言：为佛弟子，可得商贩、营
fo　yan　　　wei fo　di　zi　　　ke　de shang fan　　ying

生利业，平斗直尺，不可罔于人
sheng li　ye　　　ping dou zhi chi　　bu　ke wang yu　ren

，施行以理，不违神明自然之理
　shi xing yi　li　　　bu wei shen ming zi　ran zhi　li

，葬送之事，移徙姻娶，是为世
　zang song zhi shi　　yi　xi　yin qu　　shi wei shi

间事也。
jian shi　ye

世间意者，为佛弟子，不得卜问
shi jian yi　zhe　　wei fo　di　zi　　bu　de　bu wen

Buddha sagte:

„Auch buddhistische Schüler können ganz normal Handel treiben, ihren Lebensunterhalt verdienen und Geschäfte aufbauen.

Sie sollen dabei aber ehrlich sein, ohne Betrügerei, alles stets mit Aufrichtigkeit ausführen, nicht gegen die Natur und ihr gutes Gewissen handeln. Das sind z.B. Bestattungen, Umzüge und Hochzeiten, sozusagen weltliche Dinge.

、请祟、符咒、厌怪、祠祀、解
奏，亦不得择良日良时。

受佛五戒，福德人也，有所施作
，当启三尊。佛之玄通，无细不
知。戒德之人，道护为强，役使
诸天，天龙鬼神，无不敬伏。戒
贵则尊，无往不吉，岂有忌讳不
善者耶。

Als buddhistische Schüler die weltlichen Dinge nicht im Herzen zu tragen, heißt: Sie sollen nicht abergläubisch die folgenden Dinge betreiben, z.B. Wahrsagerei betätigen, die bösen Geister heraus beschwören und deren Zaubersprüche und Schrift anwenden, Hexerei ausüben, Tempel für böse Geister errichten und schriftliche Berichte anfertigen und diese um die Lösung für ihre Rachepläne zu bitten oder um eine günstige Zeit und ein passendes Datum dafür auszusuchen.

Die buddhistischen Schüler, die die fünf Gebote einhalten, sind mit Glück gesegnete Menschen. Wenn sie etwas vorhaben, können sie dies den drei Ehrwürdigen mitteilen. Denn, es gibt nichts, was ein Buddha, der allmächtige, magische Kraft besitzt, nicht weiß.

Diejenigen, die tugendhaft die Lehre praktizieren, sind auf allen Wegen stark beschützt. Sogar die Engel stehen gern in ihrem Dienst und die acht Typen von Himmelswesen schenken ihnen große Achtung. So sind diese Menschen selbst edel und ehrwürdig. Wo sie hinzugehen beabsichtigen, brauchen sie nichts Ungutes und Unpassendes zu fürchten oder vermeiden.

道之含覆，包弘天地，不达之人，自作罣碍。善恶之事，由人心作，祸福由人，如影追形，响之应声。戒行之德，应之自然，诸天所护，愿不意违，感动十方，与天参德，功勋巍巍，众圣嗟叹，难可称量。智士达命，没身不邪，善如佛教，可得度世之道。

Was das Dharma beinhaltet, umfasst die ganze Wahrheit des immensen Universums. Die verblendeten Menschen grenzen sich leider selbst mit vielen Sorgen und Hindernissen ein.

Gute oder üble Taten kommen aus dem Herzen, und ernten Glück oder Pech. Es liegt am Menschen selbst, wie der eigene Schatten einen immer verfolgt, oder der Schall der Stimme ertönt.

Wenn das tugendhafte Verhalten der Menschen dem Naturgesetz entspricht, verdienen diese selbstverständlich von Himmelswesen beschützt zu werden und was sie sich wünschen, wird erfüllt.

Die Himmelswesen aus allen zehn Richtungen werden von der Aufrichtigkeit dieser Menschen bewegt, da diese eins mit dem Universum sind, so dass denen unermessliche Verdienste und hohes Lob gebühren.

Die weisen Menschen begreifen solche Prinzipien und bezweifeln sie lebenslang nicht mehr. Denn, das buddhistische Dharma kann Menschen gut helfen, deren Hindernisse im Leben zu überwinden."

阿难闻佛说，更整袈裟，头脑着
地：唯然世尊，我等有福，得值
如来，普恩慈大，愍念一切，为
作福田，令得脱苦。佛言至真，
而信者少，是世多恶，众生相诅
，甚可痛哉！若有信者，若一若
两，奈何世恶，乃弊如此。

佛灭度后，经法虽存，而无信者

Nachdem Ananda dies von Buddha gehört hatte, brachte er zuerst seine Mönchskutte in Ordnung, dann kniete er sich vor Buddha nieder, bis sein Haupt den Boden berührte und sagte zu Buddha:

„Jawohl, verehrter Meister! Wir alle haben so ein großes Glück, einem Tathagata in unserem jetzigen Leben zu begegnen. Sie sind unser Glücksfeld. Sie helfen uns mit Ihrer Barmherzigkeit und Großzügigkeit aus den Leiden zu entfliehen.

Was ein Buddha sagt, ist die höchste Wahrheit, leider glauben das nur wenige Menschen. Es gibt zu viel Übel auf der Welt und die Menschen verfluchen sich gegenseitig.

Das ist sehr bedauerlich, dass nur noch ein paar Menschen an das Dharma glauben. Es ist zu schade, dass die Welt so immer verkommener wird.

Wenn Buddha nicht mehr lebt, obwohl die Sutras noch existieren, glauben noch weniger daran. Dann wird diese Lehre allmählich verschwinden.

，渐衰灭矣！呜呼，痛哉！将何
恃怙，惟愿世尊，为众黎故，未
可取泥洹。

阿难因而谏颂曰：
佛为三界护，恩广普慈大，
愿为一切故，未可取泥洹。

值法者亦少，盲盲不别真，

Ach, ach, o weh, o weh! Wir haben dann niemanden mehr, der uns beschützt. Bitte! Bitte! Verehrter Meister, gehe bitte für uns, die elende Bevölkerung, nicht ins Nirwana ein!"

Ananda sang daraufhin anflehend ein Loblied:

„Buddha ist der größte Beschützer der drei Lebensbereiche, mit weitverbreiteter Güte und tiefer Erbarmung für alle.
Wir wünschen, dass Sie unseretwegen nicht ins Nirwana eingehen!

Es gibt sowieso nur wenige, die das wahre Dharma kennen, verblendet können sie auch noch schlecht falsches von echtem unterscheiden.

痛矣不识者，罪深乃如是。
tong yi bu shi zhe　zui shen nai ru shi

宿福值法者，若一若有两，
su fu zhi fa zhe　ruo yi ruo you liang
经法稍稍替，当复何恃怙。
jing fa shao shao ti　dang fu he shi hu

佛恩非不大，罪由众生故，
fo en fei bu da　zui you zhong sheng gu
法鼓震三千，如何不得闻。
fa gu zhen san qian　ru he bu de wen

世浊多恶人，还自堕颠倒，
shi zhuo duo e ren　huan zi duo dian dao

Wie bedauerlich das ist, dass sie die Wahrheit nicht kennen, weil sie doch schon mit tiefer Schuld beladen sind.

Von denjenigen, die das Dharma kennen, weil sie das Glück aus vergangenen Leben angesammelt haben, gibt es leider nur ein oder zwei aus Millionen von Menschen.
Wenn sich das Dharma allmählich verändert, wie sollen die Menschen sich später noch darauf verlassen können?

Nichtweil die Barmherzigkeit Buddhas nicht groß genug wäre, sondern weil die Sünde der Menschen zu schwer ist.
Die Trommelschläge des Dharmas erschüttern die drei Tausend Welten.
Wie könnte man das nicht hören?

Es gibt zu viele böse Menschen auf dieser schmutzigen Welt.
Sie verfallen unwillkürlich in die verkehrten Ebenen.

谀谄卑訾圣，邪媚毁正真。
yu chan bei zi sheng　xie mei hui zheng zhen

不信世有佛，言佛非大道，
bu xin shi you fo　yan fo fei da dao

是人是非人，自作众本罪。
shi ren shi fei ren　zi zuo zhong ben zui

命尽往无择，刀剑解身形，
ming jin wang wu ze　dao jian jie shen xing

食鬼好伐杀，镬汤涌其中。
shi gui hao fa sha　huo tang yong qi zhong

淫泆抱铜柱，大火相烧然。
yin yi bao tong zhu　da huo xiang shao ran

Indem sie durch Schmeichelei und Anschwärzen andere auf die schiefe Bahn bringen, verleumden sie das wahre Dharma.

Sie behaupten, dass Buddha nicht existierte und an den Buddhismus zu glauben kein richtiger Weg sei.
Dabei liegt es an jedem selbst, ob es ihm gut oder schlecht geht.

Nach dem Sterben fallen die Sünder ins unendliche Inferno, wo sie von grausamen und blutrünstigen Wächtern, Geistern mit Ochsen- und Pferde-Köpfen, über Messerberge und Schwertwälder gehetzt werden.
Oder, sie werden in einen großen Kessel, in dem heißes Öl sprudelt, geworfen.

Die unzüchtigen Sünder werden mit ausgebreiteten Armen an eine Kupfersäule festgebunden, in der die lodernde Flamme brennt.

诽谤清高士，铁钳拔其舌。
fen bang qing gao shi　　tie qian ba qi she

乱酒无礼节，迷惑失人道，
luan jiu wu li jie　　mi huo shi ren dao

死入地狱中，洋铜沃其口。
si ru di yu zhong　　yang tong wo qi kou

遭逢众恶难，毒痛不可言，
zao feng zhong e nan　　du tong bu ke yan

若生还为人，下贱贫穷中。
ruo sheng huan wei ren　　xia jian pin qiong zhong

不杀得长寿，无病常康强。
bu sha de chang shou　　wu bing chang kang qiang

Denjenigen, die absichtlich die aufrichtigen Mönche und Gelehrten diffamieren, wird als Strafe die Zunge mit einer Eisenzange herausgezogen.

Diejenigen, die nach Trunkenheit gegen die gesellschaftliche Etikette verstoßen oder sogar durch Verwirrung Unmenschliches begehen, fallen nach dem Tod prompt in die Hölle und denen wird heiß geschmolzener Kupfer-Saft in den Schlund eingeführt.

All diese grauenvollen Strafen sind wirklich unbeschreiblich schmerzhaft.
Auch wenn sie eines Tages aus der Hölle herauskommen können, werden sie als Mensch nur in den niedrigeren, armen Schichten der Bevölkerung wiedergeboren.

Diejenigen, die nicht töten, werden langlebig, ohne plagende Krankheit, stets gesund und kräftig sein.

不盗后大富，钱财恒自满。
bu dao hou da fu　　qian cai heng zi man

不婬香清净，身体鲜苾芬，
bu hin xiang qing jing　　shen ti xian bi fen

光影常弈奕，上则为大王。
guang ying chang yi yi　　shang ze wei da wang

至诚不欺诈，为众所奉承。
zhi cheng bu qi zha　　wei zhong suo feng cheng

不醉后明了，德慧所尊敬。
bu zui hou ming liao　　de hui suo zun jing

五福超法出，天人同俦类，
wu fu chao fa chu　　tian ren tong chou lei

Diejenigen, die nicht stehlen, werden mit großem Reichtum belohnt, und stets zufrieden und wohlhabend sein.

Diejenigen, die nicht wollüstig sind, bleiben immer friedlich, wohlriechend und gesund, mit einer glänzenden und glücklichen Ausstrahlung, die einem König ähneln.

Diejenigen, die ehrenhaft sind und nicht betrügen, gewinnen hohe Wertschätzung von anderen.

Diejenigen, die nicht betrunken sind und stets einen klaren Kopf behalten, wird eine hohe Achtung von anderen entgegengebracht.

Die fünf Unterweisungen führen uns zu fünf Verdienste Glück und Segen im Leben, das überirdisch ist und dem von Himmelswesen gleicht.

所生亿万倍，真谛甚分明。
suo sheng yi wan bei　zhen di shen fen ming

末世诸恶人，不信多狐疑，
mo shi zhu e ren　bu xin duo hu yi

愚痴不别道，罪深更逮冥。
yu chi bu bie dao　zui shen geng dai ming

蔽圣毁正觉，死入大铁城，
bi sheng hui zheng jue　si ru da tie cheng

识神处其中，头上戴铁轮。
shi shen chu qi zhong　tou shang dai tie lun

求死不得死，须臾已变形，
qiu si bu de si　xu yu yi bian xing

So sammeln wir Leben für Leben weiter Glück und Verdienste, die sich millionenfach vermehren.
Diese Wahrheit liegt klar auf der Hand.

In der Dharma-End-Epoche sind die sündigen Menschen leider misstrauisch und ungläubig.
Sie sind so verblendet, dass sie das falsche Dharma von dem echten nicht unterscheiden können.
So verfallen sie immer tiefer einem finsteren Weg.

Diejenigen, die anderen darin behindern vom wahren Dharma zu lernen, fallen nach dem Sterben in die Hölle.
Ihre Seele befinden sich dann in der Mitte einer großen Eisen Stadt und denen wird als Strafe, ein großes, heiß glühendes Eisen Rad auf deren Kopf gesetzt.

Da möchte man lieber sterben.
Doch gleich nachdem man gestorben ist, lebt man wieder auf.
Im Nu nimmt man eine andere Gestalt an.

矛戟相毒刺，躯体恒残截。
mao ji xiang du ci　　qu ti heng can jie

奈何世如是，背正信鬼神，
nai he shi ru shi　　bei zheng xin gui shen
解奏好卜问，祭祀伤不仁。
jie zou hao bu wen　　ji si shang bu ren

死堕十八处，经厉黑绳狱，
si duo shi ba chu　　jing li hai sheng yu
八难为界首，得复人身难。
ba nan wei jie shou　　de fu ren shen nan

若时得为人，蛮狄无义理，
ruo shi de wei ren　　man di wu yi li

So wird der Sünder weiter mit dem Speer und dem Dreizack gestochen und aufgespießt.
Unaufhörlich wird dessen Körper grausam zerschnitten und verstümmelt.

Es ist bedauerlich, dass die Welt so ist.
Die verblendeten Menschen kehren den aufrichtigen Göttern den Rücken zu und glauben lieber an die Geister und Wahrsagerei.
Sie fertigen schriftliche Berichte an, töten unbarmherzig die Lebewesen als Sühneopfer und betteln um sich loszukaufen.

Nach dem Sterben fallen solche Sünder in die 18 Schichten der Hölle und erleben die Folterqual im Schwarzen-Seil-Gefängnis.
Die acht Hindernisse sind die unüberwindbarsten der drei Welten.
Es besteht nur eine sehr geringe Chance, wieder als Mensch geboren zu werden.

Wenn solche Sünder nach langer, langer Zeit aus der Hölle wieder als Mensch geboren werden, leben diese womöglich in einem barbarischen Gebiet, wo kein Gesetz herrscht.

痴騃无孔窍，跛躄瘂不语，
chi ai wu kong qiao　　bo bi ya bu yu

矇胧不达事，恶恶相牵拘。
meng long bu da shi　　e e xiang qian ju

展转众徒聚，禽兽六畜形，
zhan zhuan zhong tu ju　　qin shou liu chu xing

为人所屠割，剥皮视其喉，
wei ren suo tu ge　　bo pi shi qi hou

归偿宿怨对，以肉给还人。
gui chang su yuan dui　　yi rou ji huan ren

无道堕恶道，求脱甚为难。
wu dao duo e dao　　qiu tuo shen wei nan

人身既难得，佛经难得闻。
ren shen ji nan de　　fo jing nan de wen

Sie sind entweder geistig zurückgeblieben oder körperlich behindert, z.B. blind, stumm, taub, gehbehindert oder lahm.
Mit eingeschränkter Einsicht begehen diese noch mehr Unfug.
So üble Ursachen führen wiederum zu üblen Ergebnissen, die sich ohne Ende ineinander verwickeln.

Diese Sünder werden meistens als ein Tier, zu einem anderen Tier wandernd, geboren.
Entweder als wilde Tiere oder als Haustiere.
Zuerst wird ihnen die Schnittstelle am Hals angeschaut, dann werden sie gehäutet, abgeschlachtet und zerschnitten.
Als Vergeltung für die Verbrechen, die sie in vergangenen Leben verübt haben, zahlen sie mit ihrem eigenen Fleisch.

Wenn die Sündigen einmal in die üblen Ebenen fallen, ist es ziemlich schwierig für sie zu entrinnen.

Als Mensch geboren zu werden, ist eine besondere Gelegenheit, den Weg zur Erleuchtung zu erlernen.

Und das buddhistische Dharma erlernen zu können, ist sogar noch eine zusätzliche wunderbare Besonderheit.

世尊为众祐，三界皆蒙恩，
shi zun wei zhong you　　san jie jie meng en

敷动甘露法，令人普奉行。
fu dong gan lu fa　　ling ren pu feng xing

哀哉已得慧，愍念群萌故，
ai zai yi de hui　　min nian qun meng gu

开通示道径，黠者既度苦。
kai tong shi dao jing　　xia zhe ji du ku

福人在向向，见谛学不生，
fu ren zai xiang xiang　　jian di xue bu sheng

自归大护田，植种不死地。
zi gui da hu tian　　zhi zhong bu si di

Verehrter Meister, Sie sind Beschützer für uns alle.
Die Lebewesen in den drei Lebensbereichen empfinden Ihre Barmherzigkeit.
Das Dharma ist wie Nektar, der für jeden auf der Welt angeboten wird.
An diese Lehre sollten wir immer glauben und sie wertschätzen.

Oh, ja! Die Erleuchteten sind so voller Erbarmen.
Sie zeigen allen offenherzig den richtigen Weg, um den verblendeten Menschen zu helfen.
Die klugen Menschen würden die Unterweisungen annehmen, um deren bitteres Schicksal zu überwinden.

Die gesegneten Menschen wissen, sich ein Ziel zu setzen und den richtigen Weg auszuwählen.
Die wahre Lehre führt sie zum Nirwana.

Nur wenn wir uns auf das Glücksfeld des Beschützers verlassen, werden wir eines Tages Unsterblichkeit erreichen.

恩 大 莫 过 佛 ， 世 祐 转 法 轮 ，
en da mo guo fo　　shi you zhuan fa lun

愿 使 一 切 人 ， 得 服 甘 露 浆 。
yuan shi yi qie ren　　de fu gan lu jiang

慧 船 到 彼 岸 ， 法 磬 引 大 千 ，
hui chuan dao bi an　　fa qing yin da qian

彼 我 无 有 二 ， 发 愿 无 上 真 。
bi wo wu you er　　fa yuan wu shang zhen

Nichts ist größer als Buddhas Barmherzigkeit.

Er ist der Beschützer der Welt, der das Dharma-Rad dreht.

Und er hofft, dass allen Menschen den Nektar des Lebens einnehmen würden.

Mit dem Boot der Weisheit werden wir alle an die andere Uferseite befördert.

Der Klang des Dharma-Qings weist den richtigen Weg in den großen tausenden Welten.

Die anderen und ich sind eins.

Lass uns wünschen, dass wir alle schließlich die Erleuchtung erlangen."

阿难颂如是已，诸会大众，一时
信解，皆发无上正真之道，僧那
大铠甘露之意。香熏三千，从是
得度，开示道地，为作桥梁。国
王臣民，天龙鬼神，闻经欢喜，
阿难所说，且悲且恐，稽首佛足
，及礼阿难，受教而去。

Nachdem die andächtig lauschende Gemeinde das Loblied von Ananda gehört hatte, begriff sie alles gründlich. Sie bekannte sich zu der höchsten Wahrheit und beschloss, fest wie eine starke Rüstung, die Lehre anzunehmen und sie in die Tat umzusetzen.

Sie möchten allen anderen Lebewesen in 3000-Welten den Dharma Pfad aufweisen um als Brücke auf die andere Seite des Ufers zu dienen.

Die Könige und ihre Untertanen, die Götter und die Drachen-Gemeinde freuten sich, das Sutra von Buddha gehört zu haben. Was Ananda gesungen hatte berührte sie alle sehr. Ihre Herzen wurden mit großem Erbarmen und tiefer Ehrfurcht zugleich erfüllt. Sie verbeugten sich tief zum Boden vor Buddhas Füßen und vor Ananda.

Sie nahmen mit Freude die Unterweisungen Buddhas an und verabschiedeten sich.

阿难问事佛吉凶经

三宝弟子纱福恭译中文成德文

西元2017 年6月于德国汉堡/ 娑婆世界

Ananda fragte Buddha

Übersetzung vom Chinesischen ins Deutsche von
Miao Fu, Schüler der Drei Buddhistischen Juwelen
—   Buddha, Dharma und Sangha   —

Juni 2017 in Hamburg, Deutschland, Erde, Soha Welt

皈依佛

皈依法

皈依僧

Wir bekennen uns
zu der Lehre Buddhas

后 话

佛经是超越时空的教材，讲的是永不变的原理原则，可以帮助六道众生离苦得乐的法宝。

正如佛家印光大师说的："一分恭敬一分受用，十分恭敬十分受用。"也就是说对古人的智慧结晶有恭敬心，自己才能开智慧。

所以，平时请恭敬保持经书，不要带到不净的场所看，或随意乱放。最好能妥善地安置于书柜中或书架上。

在此祝福读者们都能走上理想的人生康庄大道！

三宝弟子纱福　合十
西元两千十七年六月于德国汉堡/娑婆世界

Nachwort

Das buddhistische Dharma ist eine universale Lehre, die unverändert über Zeit und Raum ewige Gültigkeit hat. Das ist ein Lebenselexier, das uns allen Lebewesen in den sechs Ebenen aus den Leiden und Mißständen im Leben heraushelfen und in einen glücklichen und erfolgreichen Zustand führen kann.

Der buddhistische Meister Ying Guang sagte:
„Wenn wir ein bisschen Respekt allem gegenüber zeigen, bekommen wir auch ein bisschen Respekt zurück; wenn wir allem eine große Menge Respekt entgegenbringen, bewirkt es, dass wir dann eine große Menge Respekt ernten."

Bitte behandeln Sie die Sutras grundsätzlich mit Respekt und nicht in Toiletten oder ähnlichen Orten lesen. Am besten bewahren Sie sie gut im Bücherregal oder Bücherschrank auf.

Shay Whar Liu Kroeber
Hamburg, Deutschland / Juni 2017

释 词

八难 - 众生见闻佛法有八种障难：生在地狱、恶鬼、畜生道，生于北俱芦州、长寿天之地，或盲聋瘖哑、世智辩聪，或生在佛前佛后。

六斋日 - 每个月的8、14、15、23、29、30日，在这六天中特意培养清净光明的心地，比如：唸佛号、读诵佛经、打坐、吃素守戒、专注作修心养性的功夫。

末世 - 凡一佛出世则以其佛为本，立正法、像法和末法时期。虽有不同的分法，今採用此解说，佛出世到去世后五百年，法仪未改称为正法时期。五百年后到一千年间，佛去世已久，道法有偏差称为像法时期。一千年后到一万两千年间佛法渐转微弱，法力渐衰直到消失，称为末法时期。

如来 - 佛之十种尊号之一。今佛如古佛之在来。

三界 - 就是欲界、色界、无色界，凡夫生死往还之世。1、欲界，有淫欲饮食欲望的有情居住之地。2、色界，虽已离淫食二欲，仍有身体、宫殿、园林等精妙物质存在。
3、无色界，此界无一色，无物质，无身体，亦无宫殿国土，唯以心识住于深妙禅定中，此即无物质之世界。

三塗 – 1、火途，地狱猛火所烧之处。2、血途，畜生互相啖食之处。3、刀途，饿鬼以刀杖逼迫之处。

三尊 – 即三宝，佛、法、僧。

十恶 – 作杀、盗、淫、妄语、两舌、恶口、绮语、贪、嗔、痴十种事。

十善 – 不犯十恶之事就是行十善。通常来说，顺天理是善，违理是恶。

天龙鬼神 – 即天神、龙、药叉、干塔婆、阿修罗、迦楼罗、紧那罗、摩睺罗迦。
天神，光明自然清净，受最胜果报的天人。
龙，长身无足，有神力，能控制变化云雨。
药叉，勇健天人，能轻捷迅速飞行。

干塔婆，天上乐神，以香为食。

阿修罗，好战神，有天人福报却没天人品德，没有酒喝。

迦楼罗，金翅鸟，喜吃龙，故身积巨毒，死时引火自焚身亡。

紧那罗，天上歌神，人形，头上有一角，似人非人，男的马首人身，女的端正美丽能舞。

摩睺罗迦，大蟒神，人身蛇首。

五福 － 长寿、大富、清净、众奉、德慧五种好果报。

五戒 － 杀生、偷盗、邪淫、妄语、饮酒五种该警戒的事。

Begriffe

die acht Hindernisse – es gibt acht große Hindernisse für Menschen, um buddhistisches Dharma zu erlernen und erleuchtet zu werden:

1.-3. die Menschen, die sich in Hölle-, Tiere-, und Hungergeist-Ebenen aufhalten;

4.-5. die Menschen, die in Nord Ju-Lu und im Himmel des langen Lebens leben;

6. die Menschen, die schwerbehindert sind, z.B. blind, taub oder stumm;

7. die Menschen, die tief in weltlichen Dingen verwickelt, arrogant, selbstgefällig und durchtrieben sind;

8. die Menschen, die vor oder nach Buddhas Lebzeiten geboren worden sind.

die Dharma-End-Epoche – Shakyamuni Buddhas Lehre auf unserer Welt, von Buddhas Lebzeiten bis 500 Jahre, da die Lehre noch aufrecht gehalten worden war, nennt man Dharma-Aufrecht-Epoche; 500 bis 1000 Jahre, die Lehre hat sich verändert, nennt man dann Dharma-Simili-Epoche; 1000 bis 12.000 Jahre, der Einfluß der buddhistischen Lehre läßt allmählich nach, bis sie am Ende ganz erlöscht auf unserer Welt ist, nennt man Dharma-End-Epoche

die drei Ehrwürdige – der Buddha, das Dharma und die Sangha, auch die drei Buddhistischen Juwelen genannt.

die drei finsteren Wege –

1. der Feuer-Weg führt zur Hölle, wo das Fegefeuer brennt;
2. der Blut-Weg führt zur Tier-Ebene, wo diese sich gegenseitig töten, fressen und gefressen werden;
3. der Messer-Weg führt zur Hungergeist-Ebene, wo man mit Messer und Stöcken geschlagen, gezwungen, genötigt und gedrängt wird

die drei Lebensbereiche – die Welten, wo die gewöhnlichen Sterblichen wohnen, sterben und wiedergeboren werden

1. Die Welt mit Begierde, wo die Lebewesen noch Bedürfnisse nach Essen und sexuellen Begierden haben, so wie auf unserer Erde
2. Die Welt mit feinen Materien, wo die Lebewesen zwar keine Bedürfnisse mehr nach Essen und sexuellen Begierden haben, aber immer noch Körper besitzen und Paläste mit Gärten etc. aus feinen Materien bewohnen, wo die Himmelslebewesen wohnen
3. Die Welt ohne Begierde und Materien, es gibt in diesem Lebensbereich keine Körper, Gärten und Paläste mehr, nur der Geist existiert in tiefer Meditation

die fünf Gebote – nicht töten, nicht stehlen, nicht unmoralisches Sexualleben treiben, nicht lügen und nicht betrunken sein

die fünf Verdienste Glück und Segen –

1. Langes Leben haben

2. Reichtum haben

3. Friedlich und ruhig leben können

4. Ansehen genießen

5. Klugheit und Gewandtheit besitzen

die Himmel- & Drachens-Lebewesen – die acht Typen von Himmelswesen sind Devas, Nagas, Yaksas, Gandharvas, Asuras, Garudas, Kinnaras und Mahoragas

Devas: Gottheiten und Engel, helle Lichtgestalten, rein und natürlich, leben im Himmel

Nagas: Drachen mit Übermacht, beherrschen die Umwandlung von Wolken und Regen

Yaksas: mutige, kräftige Wesen, die sehr schnell fliegen können

Gandharvas: die Muse der Musik, nehmen Duft als Nahrung zu sich

Asuras: jähzornige Krieger, kämpfen gern; haben viel Glück im Himmel zu leben, benehmen sich jedoch schlecht, daher bekommen sie keinen Wein zu trinken

Garudas: Goldene Phönixe mit riesigen Flügeln, essen gern Drachen, daher sammeln sich viel Gift im Körper, verbrennen sich beim Sterben mit eigenem Innenfeuer zu Asche

Kinnaras: göttliche Sänger, haben menschliche Gestalt, besitzen ein Horn auf dem Kopf, Frauen können außer singen noch gut tanzen

Mahoragas: große Schlangengottheiten, mit Menschenkörpern und Schlangenkopf

die sechs Fastentage – am 8. 14. 15. 23. 29. 30., in diesen sechs Tagen des Monats intensiv buddhistisches Dharma lernen, die Regel einhalten und sich dementspechend aufrichtig benehmen

der Tathagata – einer von den zehn Titeln Buddhas, bedeutet, der beliebig kommen und gehen kann, in Vergangenheit, Gegenwart und Zukunft

die zehn guten Taten – wenn man die zehn unheilsamen Taten vermeidet, dann tut man was Gutes, nämlich nicht töten, nicht stehlen, nicht unmoralisches Sexualleben treiben; nicht lügnerisches, zwieträchtiges, verletzendes und sinnloses reden; keine Gier, Hass und Verblendung im Herzen tragen; dies sind die guten zehn Wege, die zum glücklichen Leben führen

die zehn üblen Taten – töten, stehlen, unmoralisches Sexualleben treiben; lügnerisches, zwieträchtiges, verletzendes und sinnloses reden; Gier, Hass und Verblendung im Herzen tragen

参 考 经 书 和 善 书 名 单
Literaturliste

阿难问事佛吉凶经 – 后汉沙门安世高译 / 台北佛陀教育基金会印 /
Taipei, Taiwan

安士全书 – 清怀西居士周安士著述 / 台北佛陀教育基金会印 /
Taipei, Taiwan

大方广佛华严经 – 唐于阗国三藏沙门实叉难陀译 / 台北佛陀教育基
金会印 / Taipei, Taiwan

大方广圆觉修多罗了义经 – 唐罽宾沙门佛陀多罗译 / 台北佛陀教育
基金会印 / Taipei, Taiwan

大佛顶首楞严经 – 唐天竺沙门般刺密帝译 / 台北佛陀教育基金会印
/ Taipei, Taiwan

大乘妙法莲华经 – 姚秦三藏法师鸠摩罗什奉詔译 / 台北佛陀教育基
金会印 / Taipei, Taiwan

佛说阿弥陀经 – 姚秦三藏法师鸠摩罗什译 / 台北佛陀教育基金会印
/ Taipei, Taiwan

佛说大乘无量寿庄严请净平等觉经 – 菩萨戒弟子郓城夏莲居会集各
译 / 台北佛陀教育基金会 / Taipei, Taiwan

佛说观无量寿佛经 – 刘宋西域三藏法师畺良耶舍译 / 台北佛陀教育基金会印 / Taipei, Taiwan

佛说灌顶拔除过罪生死得度经 – 东晋天竺三藏帛尸梨蜜多罗译 / 台北佛陀教育基金会印 / Taipei, Taiwan

佛说药师如来本愿经 – 隋天竺三藏达摩笈多译 / 台北佛陀教育基金会印 / Taipei, Taiwan

佛学大辞典 – 丁福保编 / 台北佛陀教育基金会印 / Taipei, Taiwan

佛学入门 – 佛陀教育基金会编印 / Taipei, Taiwan

佛学问答 - 李炳南居士著述 / 台北佛陀教育基金会印 / Taipei, Taiwan

感应篇彙编白话故事集 – 苏俊源编撰 / 台北佛陀教育基金会印 / Taipei, Taiwan

观世音菩萨普门品讲记 – 演培法师讲 / 台北佛陀教育基金会印 / Taipei, Taiwan

金刚般若波罗蜜经 – 姚秦三藏法师鸠摩罗什译 / 台北佛陀教育基金会印 / Taipei, Taiwan

了凡四训讲记/修福积德造命法 – 净空法师讲述 / 台北佛陀教育基金会印 / Taipei, Taiwan

普贤大士行愿的启示 – 净空法师讲述 / 台北佛陀教育基金会印 / Taipei, Taiwan

如何消业障菩提道上一帆风顺 – 台北佛陀教育基金会编印 / Taipei, Taiwan

生与死-佛教轮回说 – 陈兵 著 / 内蒙古人民出版社, 呼和浩特 / Mongorian

谈因 – 尤雪行居士编 / 台北佛陀教育基金会印 / Taipei, Taiwan

药师本愿经讲记 – 太虚大师著 / 台北佛陀教育基金会印 / Taipei, Taiwan

药师经疏钞择要 – 伯亭老人疏钞．普霖择要 / 台北佛陀教育基金会印 / Taipei, Taiwan

药师经析疑 – 弘一大师著 / 台北佛陀教育基金会印 / Taipei, Taiwan

药师经注辑 – 刘朗暄居士解 / 台北佛陀教育基金会印 / Taipei, Taiwan

药师琉璃光七佛本愿功德经 – 唐三藏法师义净译 / 台北佛陀教育基金会印 / Taipei, Taiwan

药师琉璃光如来本愿功德经 – 唐三藏法师玄奘译 / 台北佛陀教育基金会印 / Taipei, Taiwan

Buddha, sein Leben, sein Wirken, seine Lehre – Osho, übersetzt von Jochen Lehner / Lotos Verlag, München

Buddhismus für Dummies – Jonathan Landaw, Stephan Bodian / Wiley-VCH Verlag, Weinhaim

Das Tibetische Buch vom Leben und vom Sterben – Sogyal Rinpoche / Fischer Taschenbuch Verlag, Frankfurt am Main

Das Wort des Buddha – Nyanatiloka / The Corporate Body of the Buddha Educational Foundation / Taipei, Taiwan

Die Mythen Asiens – Clio Whittaker, übersetzt von Wiebke Diederichs / Evergreen GmbH, Köln

Geheimnisse des Buddhismus – Tom Lowenstein / Gerstenberg Verlag, Hildesheim

Mit dem Herzen denken – DalaiLama, aus dem Englischen von Sabine von Minden / Fischer Taschenbuch Verlag, Frankfurt am Main

Was die Seele krank macht & was sie heilt – Thomas Schäfer / Weltbild Verlagsgruppe GmbH, Steinerne Furt, Augsburg.

Wenn der Körper Signale gibt, die psychotherapeutische Arbeit Bert Hellingers – Thomas Schäfer / Weltbild Verlagsgruppe GmbH, Steinerne Furt, Augsburg

••• ❖ •••

A Pictorial Biography of Sakyamuni Buddha, Chinese-English, Original Illustration and Narration in Thai by Gunapayuta, translation into Chinese by Bhiksu Jan Hai, translation into English by Z.A. Lu / The Corporate Body of the Buddha Educational Foundation / Taipei, Taiwan

Brahma-Net Sutra, Moral Code of the Bodhisattvas – Sutra Translation Committee of the United States and Canada / The Corporate Body of the Buddha Educational Foundation / Taipei, Taiwan

Changing Destiny / Liaofan´s Four Lessons – Ven. Master Chin Kung / The Corporate Body of the Buddha Educational Foundation / Taipei, Taiwan

Heart Sutra – translation by Master Lok To/ The Corporate Body of the Buddha Educational Foundation / Taipei, Taiwan

Master Hsu Yun´s Discourses and Dharma Words – edited, translated and explained by Charles Luk / The Corporate Body of the Buddha Educational Foundation / Taipei, Taiwan

Medicine Buddha Sutra – Dharma Master Hsuan Jung by Minh Thanh & P.D. Leigh / The Corporate Body of the Buddha Educational Foundation / Taipei, Taiwan

Pure Land Pure Mind – Master Chu-Hung and Master Tsung-Pen, translated by J.C. Cleary / Sutra Translation Committee of the United States and Canada / New York, San Francisco, Toronto

Pure-Land Zen, Zen Pure-Land – Letters from Patiarch Yin Kuang, translated by Master Thich Thien Tam / Sutra Tranlation Committee of the United States and Canada / New York, San Francisco, Toronto

The Sutra of Bodhisattva Ksitigarbha´s Fundamental Vows – Translation by Upasaka Tao-Tsi Shih / The Corporate Body of the Buddha Educational Foundation / Taipei, Taiwan

To Understand Buddhism – The Collected Works of Venerable Master Chin Kung / The Corporate Body of the Buddha Educational Foundation / Taipei, Taiwan / http://www.budaedu.org
E-Mail:budaedu@budaedu.org

Zeitfracht Medien GmbH
Ferdinand-Jühlke-Straße 7
99095 Erfurt, Deutschland
produktsicherheit@kolibri360.de